STERNZEICHENBIBLIOTHEK

LÖWE

23. JULI - 23. AUGUST

Julia und Derek Parker

Fotos: Monique le Luhandre
Illustrationen: Danuta Mayer

arsEdition

Gewidmet Joan und Alan Smith

EIN DORLING-KINDERSLEY-BUCH

Editor Tom Fraser
Art Editor Ursula Dawson
Managing Editor Krystyna Mayer
Managing Art Editor Derek Coombes
Production Antony Heller
Computer-Layout Patrizio Semproni

Bildnachweis:
S. 11: © Michael Holford/British Museum;
S. 16: Tim Ridley;
Gestaltung S. 28-29: Lucy Elworthy;
Illustration S. 60-61: Kuo Kang Chen.
Umschlagbild: Peter Lawman.
Ein weiterer Dank gilt Carolyn Lancaster und John Filbey.

Ins Deutsche übertragen von Ana Lupas
Printed and bound in Hong Kong

ISBN 3-7607-1117-0

INHALTSVERZEICHNIS

EINLEITUNG

LÖWE

DER LÖWE – ZEICHEN DES LÖWEN UND KÖNIG DER TIERE – IST DAS FÜNFTE TIERKREISZEICHEN. LÖWEN SCHAFFEN ES GEWÖHNLICH, SICH IHR EIGENES PERSÖNLICHES KÖNIGREICH ZU SCHAFFEN, ÜBER DAS SIE UNANGEFOCHTEN HERRSCHEN KÖNNEN.

Löwe oder Löwin herrschen geschickt, indem sie andere taktvoll unterweisen und sich immer auf die eine oder andere Art kreativ zeigen.

Der Löwe wird von der Sonne regiert. Tatsächlich scheint es fast, als ob seine großzügige, heitere Persönlichkeit einer »inneren Sonne« entstammt. Wenn diese Persönlichkeitsstärke nicht durchscheint, stimmt wirklich etwas nicht. Löwen, die ihre innere Glut unterdrücken, werden unglücklich und unfähig sein, ihr Potential voll auszudrücken.

Zuordnungen

Bei der Lektüre dieses Buches tauchen immer wieder Hinweise auf die traditionelle Zuordnung bestimmter Elemente und Zeichen zu den einzelnen Sternbildern auf.

Die erste dieser Klassifizierungen bezieht sich auf die vier Elemente Feuer, Wasser, Erde und Luft. Die zweite unterteilt den Tierkreis in kardinale, fixe und bewegliche Zeichen. Die letzte teilt die Sternbilder in aktive männliche oder passive weibliche Zeichen ein.

Jedes Tierkreiszeichen besteht also aus einer Kombination dieser Elemente, die ihm seine jeweiligen spezifischen Eigenschaften verleihen.

Kennzeichen des Löwen

Der Löwe ist ein fixes Zeichen. Das heißt, daß Löwen, obwohl sie normalerweise beständige Menschen sind, sehr stur sein können. Sie müssen sich unbedingt hüten, herrisch oder aufgeblasen aufzutreten und ihren Hang, jedes Problem zu dramatisieren, unterdrücken. Da der Löwe ein männliches, positives Zeichen ist, verleiht er seinen Vertretern Extrovertiertheit. Ein anderes typisches Merkmal ist seine Begeisterungsfähigkeit. Sie ist bezeichnend für das Löwe-Element, das Feuer.

Die meisten Löwen bevorzugen die warmen, üppigen Farben der Sonne, ihres regierenden Planeten.

Der Tierkreis

Die Zuordnung der verschiedenen Elemente und Eigenschaften zu den zwölf Sternzeichen zeigt dieses Tierkreis-Rad. Im weiteren Verlauf dieses Buches finden sich auch Hinweise auf einander entgegengesetzte oder polare Sternzeichen. Sie lassen sich ebenfalls aus dieser Abbildung ablesen.

LÖWE
MYTHEN UND LEGENDEN

DER TIERKREIS, ENTSTANDEN VOR ETWA 2500 JAHREN IN BABYLONIEN, IST EIN HIMMELSGÜRTEL VON STERNBILDERN, DURCH DIE DIE SONNE IM LAUFE EINES JAHRES HINDURCHWANDERT.

Wenn man die Hauptsterne der Löwe-Konstellation miteinander verbindet, gleichen sie einem kauernden Tier. Die alten Babylonier nannten die Konstellation »Großer Hund«. Vor wenigstens 5000 Jahren gaben die Ägypter ihm den uns heute geläufigen Namen.

Die Arbeiten des Herakles

Wie die Krabbe des Krebses wird der Löwe mit einer der zwölf Arbeiten in Verbindung gebracht, die Herakles auf Befehl König Eurystheus, des Herrschers von Griechenland, als Sühne für den Mord an seiner Frau und seinen Kindern leisten mußte. Durch das Orakel von Delphi erfuhr Herakles, daß ihm sein niederträchtiges Verbrechen nur dann vergeben würde, wenn er König Eurystheus gehorche.

Herakles' erste Aufgabe bestand darin, einen gewaltigen Löwen, dessen Fell so stark war, daß es jeder Waffe standhielt, zu töten und zu häuten.

Der Nemeische Löwe

Der Löwe, der in Nemea auf dem Peloponnes lebte, stammte von der Schlangenfrau Echidna und dem hundertäugigen Ungeheuer Typhon ab. Die Göttin Hera hatte den Löwen gesandt, um die Gegend von Nemea, die Zeus geweiht war, zu verwüsten.

Als Herakles den Löwen auf den Hängen des Berges Tretus traf, beschoß er ihn zuerst mit Pfeilen – der Löwe gähnte bloß, weil sie von seinem Fell abprallten –, griff ihn dann mit dem Schwert an und schlug ihn schließlich mit seiner Keule. Dabei biß der Löwe, von Kopfschmerzen geplagt, Herakles einen Finger ab.

Schließlich erdrosselte Herakles den Löwen, während dieser in seiner Höhle schlief. Aber als er ihn häuten wollte, stellte er fest, daß sein Fell allen Messern widerstand, so daß er schließlich die Klauen des Tieres verwenden mußte, die allein scharf genug waren. Von da an trug Herakles

Herakles und der Nemeische Löwe
Diese griechische Vase von 510 v. Chr. zeigt Herakles, wie er versucht, den als unbesiegbar geltenden Nemeischen Löwen zu überwältigen.

das unverwundbare Fell des Löwen als Panzer und den Kopf als Helm. Der Löwe wurde von Zeus als Sternbild am Himmel verewigt.

Löwemerkmale

Natürlich ist es fast unmöglich zu ermitteln, wie verschiedene Eigenschaften mit bestimmten Tierkreiszeichen in Verbindung gebracht wurden. Aber man kann sagen, daß Menschen, die im Sonnenzeichen Löwe geboren sind, meist das unverkennbar stolze Benehmen eines Löwen besitzen und genauso unbezwingbar scheinen. Mut, Führungsqualitäten und Durchsetzungsvermögen sind wirklich Löwemerkmale. Aber wenn Löwen bekümmert sind, ziehen sie sich an einen einsamen Ort zurück, um in Abgeschiedenheit von der Welt ihre Wunden auszuheilen.

LÖWE

SYMBOLE

JEDEM STERNZEICHEN SIND TRADITIONELL BESTIMMTE KRÄUTER, GEWÜRZE, PFLANZEN, EDELSTEINE, METALLE UND TIERE ZUGEORDNET. MANCHES DAVON IST EHER AMÜSANT, ANDERES DAGEGEN FINDEN WIR IN NATURHEILKUNDE UND MEDIZIN WIEDER.

Blumen

Sonnenblume, Ringelblume und Schöllkraut, die alle die Farbe der Sonne haben, werden vom Löwen regiert.

SONNENBLUME

RINGELBLUME

Kräuter

Es heißt, daß alle Kräuter vom Löwen regiert werden. Dies trifft besonders auf Engelwurz zu, die »das Herz beruhigt«, Augentrost, der bei Augenkrankheiten hilft und Bibernelle, die Zahnschmerzen lindert.

LORBEER-BAUM

ANGELIKA

Bäume

Palme, Lorbeer- und Walnußbaum sind traditionelle Löwe-Bäume. Das gleiche gilt für Orangen-, Zitronen- und alle anderen Zitrusbäume.

ARECA PALME

Gewürze

Es sind keine speziellen Gewürze mit dem Löwen verbunden. Aber als Feuerzeichen muß der Löwe auf jeden Fall Pfeffer und Senf regieren.

SENF

PFEFFER

LÖWE
SYMBOLE

LÖWENKOPF AUS MESSING ALS TÜRKLOPFER

Tiere

Das Tier des gleichnamigen Sternzeichens ist natürlich der Löwe, aber auch andere große Katzen werden von ihm regiert.

TIGERBROSCHE AUS DIAMANTEN

Metall

Gold ist nicht nur wegen seiner Sonnenverbindung das Löwe-Metall, sondern auch wegen dessen Vorliebe für Reichtum.

GOLD

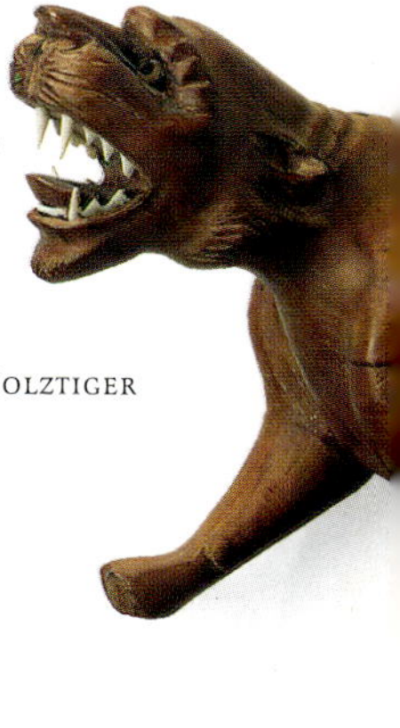

HOLZTIGER

Leopardenfeuerzeug

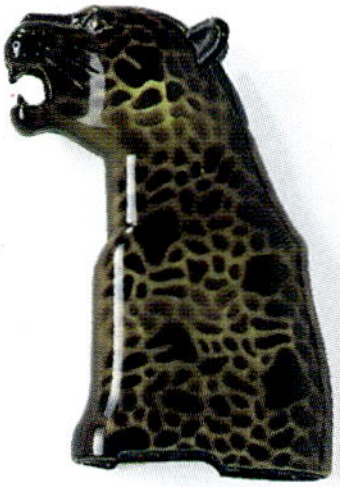

Spielzeuglöwe aus Zinn

Rubinohrringe

Rubinbrosche

Rubinhalskette

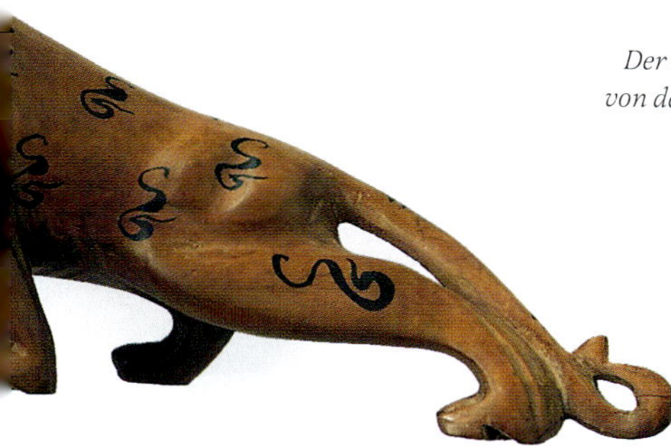

Edelsteine

Der dunkelrote, leuchtende Rubin von der Farbe des Sonnenuntergangs wird vom Löwen regiert.

LÖWE
PHYSIOGNOMIE

DIE HAARPRACHT DES LÖWEN, GERADE HALTUNG UND EIN KONSERVATIVES, ABER FLOTTES AUSSEHEN CHARAKTERISIEREN DIESES DRAMATISCHE TIERKREISZEICHEN. LÖWEN KÖNNEN MANCHMAL DEN EINDRUCK VON HOCHNÄSIGKEIT VERMITTELN.

Die meisten Löwen stehen aufrecht, mit leicht geöffneten, gestreckten Beinen. Sie lieben energische, bedeutungsvolle Gesten, die bestimmt und oft dramatisch ausgeführt werden.

Der Körper

Im allgemeinen sind Rückgrat und Rücken der Löwenmenschen gerade, was sie groß erscheinen läßt, selbst wenn sie es nicht sind. Löwen haben typisch breite Schultern und meist eine bewundernswert schmale Taille. Das ist ein Vorteil, wenn die Mode taillenbetont ist. Löwen sind gewöhnlich wendig und sollten versuchen, ihre elegante, katzengleiche Beweglichkeit bis ins hohe Alter zu bewahren. Ihre Füße und Hände sind wahrscheinlich nicht groß, und sie haben häufig einen vergleichsweise zierlichen Knochenbau.

Das Löwe-Gesicht
Sie werden wahrscheinlich edle Gesichtszüge und leuchtende, klare Augen haben.

Das Gesicht

Sie neigen dazu, Ihren Kopf hoch zu tragen. Wenn Sie langes Haar haben, wird es wahrscheinlich so üppig wallend wie eine Löwenmähne sein, obwohl es manchmal ebenso unbezähmbar sein könnte.

Die meisten Löwen haben einen reinen Teint und werden sehr schön braun. Oft besitzen Stirn und Gesicht des Löwen eine auffallende Vornehmheit. Wenn Sie ein typischer Löwe sind, sind Ihre Augen vermutlich leuchtend und klar mit vielleicht etwas hängenden Lidern, und Ihre Nase könnte groß und charakteristisch sein. Einige Löwen ent-

Das Auftreten des Löwen

Löwen besitzen ein kontaktfreudiges Wesen, stehen gerne gerade und lieben ausdrucksvolle, bedeutsame Gesten.

wickeln die unglückliche Gewohnheit, auf andere Menschen herabzusehen und diese für minderwertig zu halten. Aber sie können auch breit und strahlend lachen.

Der persönliche Stil

Von allen Sonnenzeichen besitzt der Löwe sicherlich den besten Sinn für Mode. Da die meisten Löwen eine dramatische Erscheinung lieben, hat ihre Kleidung oft etwas Auffallendes oder Spektakuläres an sich.

Designerjeans und -kollektionen sind sehr beliebt. Löwe-Geborene sollten achtgeben, mit ihrer Vorliebe für tolle Effekte hauszuhalten, da zu viel Prunk ihr Image stören könnte. Obwohl Löwen zum Kauf von hochwertiger, leicht konservativer Kleidung neigen, geben viele genauso unbesonnen riesige Geldsummen für tolle, aber schrecklich unpraktische Kleidung aus, die sie nur einmal tragen können.

Die meisten Löwen lernen nur aus Erfahrung. Menschen dieses Zeichens stehen die Farben der Sonne vom blassesten Zitronengelb und Rosa bis zum dunkelsten Orange besonders gut, wobei jüngere Menschen die leuchtenden Farben bevorzugen.

Allgemeines

Da der Körper die Löwe-Psyche widerspiegelt, ist nicht schwer zu erraten, wie glücklich ein Löwe ist. Wenn Löwen aufrecht gehen und lächeln, scheint ihre psychologische Sonne – ein Teil jedes Löwen –, und alles ist bestens.

LÖWE

PERSÖNLICHKEIT

GROSSZÜGIGKEIT UND ENTHUSIASMUS SIND BEIDES HERAUSRAGENDE LÖWE-ZÜGE. WÄHREND LÖWEN GERNE IM MITTELPUNKT STEHEN, ERMUTIGEN SIE AUCH IHRE LIEBEN UND FREUNDE, DAS BESTE AUS IHREM LEBEN ZU MACHEN.

Löwen haben eine positive und enthusiastische Lebenshaltung und besitzen viel Lebensfreude; sei es, daß sie viel positive Energie investieren, sie bekommen jedenfalls viel zurück. Jeder Tag soll bestens genutzt sein, und innere Zufriedenheit stellt sich ein, wenn Sie sich am Ende des Tages hinsetzen, um zu entspannen, und feststellen, daß nicht nur jede Aufgabe gut und richtig gemacht wurde, sondern daß Sie auch sichtbare Resultate haben.

Bei der Arbeit

Als Sonnenzeichen-Löwe besitzen Sie nahezu sicher ein hervorragendes Organisationstalent. Aber manchmal beweisen Sie Ihre Vorliebe hierfür auf extrem herrische Art. Die Neigung, andere Menschen zu sehr dominieren zu wollen, muß gedämpft werden, wenn sie für Ihre Familie und Freunde nicht Grund zur Aufregung sein soll. Wenn Sie in einer Situation die Verantwortung haben – was Löwen oft tun –, sollten Sie sicherstellen, daß Sie Ihre Anweisungen mit möglichst viel Charme und Wärme erteilen. Vergessen Sie nicht, daß auch andere genau wie Sie Ansporn und Lob brauchen, um zu gedeihen.

Verhalten

Löwen sind bekannt dafür, Kleinigkeiten jeder Art zu verabscheuen. Sie verstehen den Gesamtplan und das Konzept eines Projektes sehr gut, überlassen aber bereitwillig kleinere, knifflige Aufgaben anderen Menschen. Engstirnigkeit und kleinliche Streitereien machen Sie zweifellos wütend. Wenn Sie dem begegnen, ist – was sehr treffend »Löwengebrüll« genannt wird zu hören, und Sie werden die Betroffenen streng auf ihren Platz verweisen.

Löwen haben gewöhnlich einen gut entwickelten Sinn fürs Dramatische, der zweifellos durch Beherrschung

Die Sonne regiert den Löwen

Der griechische Sonnengott Apollo verkörpert die Sonne, die den Löwen regiert. Die Sonne macht ihre Vertreter großzügig, liebevoll und kreativ.

gemäßigt werden muß. Das Beste daran ist aber, daß er Ihnen großes Gespür für den Moment verleiht. Sie machen aus jeder Zusammenkunft, an der Sie teilnehmen, ohne Schwierigkeiten etwas Besonderes und lieben es, andere originell zu unterhalten.

Das Gesamtbild

Festigkeit, Entschlossenheit und Bestimmtheit sind wunderbare Eigenschaften, Dogmatismus und Sturheit das genaue Gegenteil. In dieser Hinsicht müssen Sie sehr vorsichtig sein. Obwohl es Ihnen manchmal recht schwer fallen dürfte, Flexibilität zu entwickeln, wird es hilfreich sein, wenn Sie sich erinnern, daß diejenigen die besten Herrscher sind, die verständnisvoll, vernünftig und fair sind – besonders, wenn sie Urteile über andere fällen.

LÖWE

BERUFE

SPÜRSINN, ENTHUSIASMUS UND SICH-IN-SZENE-SETZEN MÜSSEN IN JEDER LÖWE-LAUFBAHN PLATZ FINDEN. ACHTEN SIE DARAUF, DASS SIE UNABHÄNGIG VON IHREN BERUFLICHEN ZIELEN IHR HERVORRAGENDES ORGANISATIONSTALENT NÜTZEN KÖNNEN.

Mode- und Schmuckdesign

Der Löwe ist das kreativste aller Zeichen. Sie könnten Designermode lieben und Ihren eigenen Schmuck entwerfen.

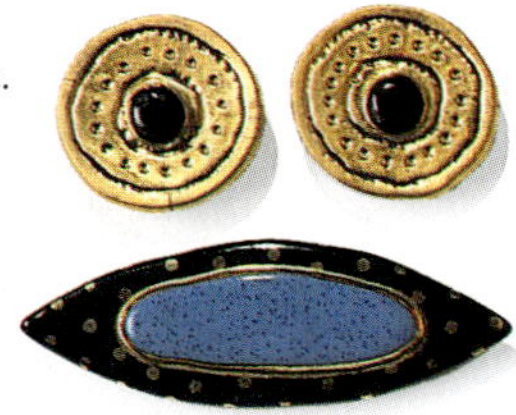

DESIGNER-OHRRINGE UND -BROSCHE

AQUARELL-FARBEN

Unterrichten

Wegen ihrer Kreativität sind Löwen oft gute Kunstlehrer. Ihre angeborene Begeisterung inspiriert ihre Schüler.

FARBPALETTE MIT SCHWARZEM PINSEL

Venezianische Festmaske

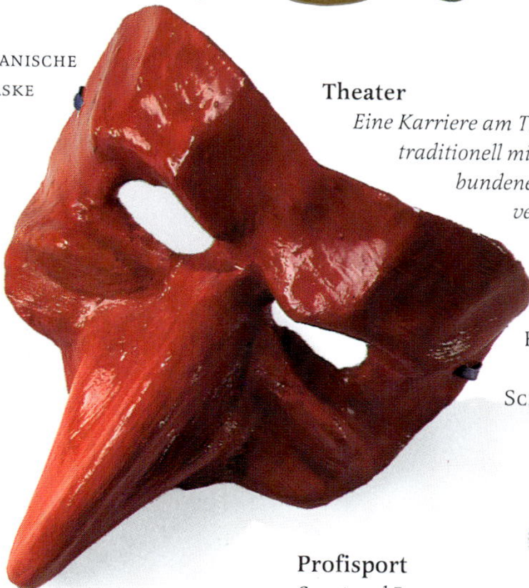

Theater

Eine Karriere am Theater, die viele traditionell mit dem Löwen verbundene Eigenschaften vereinigt, könnte Ihnen gut gefallen.

Fussballmedaille von 1912 und Schiedsrichterpfeife

Profisport

Sport und Bewegung sind für Löwen wichtig, und sie sind stolz auf ihren Körper. Daher dürfte Sie die Vorstellung faszinieren, im Profisport Karriere zu machen.

Bleisoldaten

Berufssoldat

Löwen besitzen große Führungsqualitäten. Sie könnten bei den Streitkräften erfolgreich sein und zu einer leitenden Position aufsteigen.

Illustrator

Löwen nutzen ihr künstlerisches Talent oft als Illustratoren und Maler.

Holzkohle

LÖWE

GESUNDHEIT

DER LÖWE MUSS MEHR ALS ANDERE STERNZEICHEN KÖRPERLICH UND GEISTIG GESUND SEIN, DA BEIDE SPHÄREN BEI DIESEM ZEICHEN ENG VERBUNDEN SIND. EIN VERLETZTER RÜCKEN KANN DEPRESSIONEN HERVORRUFEN UND EIN DRINGENDES PROBLEM KOPFSCHMERZEN.

Die Löwen des Tierkreises werden schnell schwermütig, wenn eine Verletzung ihrem aktiven Leben im Weg zu stehen droht. Sie werden sehr wütend auf sich selbst, wenn solch eine Verletzung sie zwingt, ihrem Fitneßstudio fernzubleiben. Ihr Ärger über eine Verletzung könnte größer sein als die Schmerzen oder Beschwerden. Das ist so, weil Sie es hassen, Zeit zu verschwenden, oder etwas, was Sie gerne tun, nicht vernachlässigen wollen. Zu Ihrem Glück – und dem Ihrer Bekannten – kommt dies nicht allzu oft vor.

Richtige Ernährung

Mineralsalze sind notwendiger Bestandteil der Ernährung. Aber durch die modernen Eßgewohnheiten enthält unsere Nahrung häufig zuwenig davon. Es könnte Ihnen guttun, Ihre Nahrung mit dem Zellsalz Magnesium Phosphat (Mag. Phos.) zu ergänzen. Das tut dem Herz gut und hilft zu entspannen. Sie sollten auch darauf achten, daß Sie die Cholesterinmenge in Ihrer Nahrung auf ein gesundes Maß beschränken.

Gefahrenzonen

Die Löwe-Körperregion sind das Rückgrat und der Rücken. Gut sind Stühle mit orthopädischer Lehne, genau wie Übungen, die den Rücken stärken. Beides wird Ihnen helfen, Rückenschmerzen, die oft nur Streßsignale sind, zu vermeiden. Das Herz als Löwe-Organ muß ebenfalls trainiert werden, um genauso gesund zu bleiben wie andere Körperteile.

Löwen sind gewöhnlich gesund und kräftig, Körper und Seele in Einklang. Sie sollten achtgeben, sich nicht zu verausgaben und dann gezwungen zu sein, eine Pause zu machen. Es ist wichtig, ausgeglichen zu bleiben. Vergessen Sie dabei jedoch nicht die Tatsache, daß Sie die Zeit zur Entspannung natürlich mit löwetypischem Elan und luxusliebender Extravaganz genießen werden.

Astrologie und Medizin

Viele Jahrhunderte lang war es unmöglich, die Heilkunst ohne astrologisches Wissen auszuüben. Auf den europäischen Universitäten umfaßte die medizinische Ausbildung die Lehre von den Auswirkungen der Himmelskonstellationen auf die Anwendung von Medikamenten. Gelehrt wurden der Aderlaß, der richtige Zeitpunkt zum Kräutersammeln oder zum Brauen eines Heiltrunks. Jedes Sternzeichen beherrscht einen Teil des Körpers. Von Kopf (Widder) bis Fuß (Fische) – in den Lehrbüchern findet man immer die entsprechende Abbildung eines »Tierkreismannes« oder »-frau«.

LÖWE
HOBBYS

JEDES STERNZEICHEN TENDIERT ZU BESTIMMTEN VORLIEBEN IM HOBBY- UND FREIZEITBEREICH ODER FAVORISIERT BESTIMMTE REISEZIELE. DIESE VORSCHLÄGE SIND NICHT VERBINDLICH, ABER ES LOHNT SICH AUF JEDEN FALL, SIE AUSZUPROBIEREN.

Astrologie

Wegen ihres Bestrebens, anderen zu helfen und ihre Fähigkeiten voll auszuschöpfen, sind Löwen oft begeisterte Astrologen.

WERKZEUGE FÜR ASTROLOGISCHE BERECHNUNGEN

Laientheater

Löwen lieben im allgemeinen die Schauspielerei. Sie ermöglicht ihnen, ihr angeborenes dramatisches Talent zu zeigen und sich ein wenig darzustellen.

FETTSCHMINKE

Briefmarken

Reisen

Kennzeichnend für Ihren Urlaub sind wahrscheinlich Komfort oder Luxus. Sie würden eher eine Nacht in einem Fünf-Sterne-Hotel verbringen als einen Monat in einem Zelt. Italien, der Irak, Südfrankreich und die Alpen sagen allen Löwen zu.

Gipsdarstellung der Sonne

Die Sonne

Löwen genießen Sonnenbäder. Sonnenlicht und -wärme geben ihnen ein wohliges Gefühl und lassen sie sich optimistisch und glücklich fühlen.

Serviette und Besteck

Auswärts essen

Zweifellos haben Löwen einen großen Sinn für Stil und Anlässe. Daher ist das Beste gerade gut genug, wenn sie zum Essen ausgehen.

LÖWE
LIEBE

WENN EIN LÖWE SICH VERLIEBT, ERSCHEINT DIE WELT IN GOLDENEM LICHT – ABER WENN ER ZURÜCKGEWIESEN WIRD ODER UNGLÜCKLICH VERLIEBT IST, ZIEHEN STURMWOLKEN AUF, UND ER LECKT SEINE WUNDEN IN DER EINSAMKEIT SEINES LAGERS.

Die Mehrzahl der Löwen hebt ihre Partner in den Himmel. Sie sind zwar durchaus König beziehungsweise Königin des Tierkreises, spielen aber genauso gerne den Gefährten. Das bedeutet, daß sie mehr als die meisten Tierkreiszeichen leiden, wenn etwas schiefgeht. Liebeskummer und Desillusion sind häufig und haben manchmal einen Verlust an Selbstbewußtsein zur Folge, den nur die Zeit heilen kann.

Unglücklicherweise haben einige Löwen im Vergleich zu anderen wenig psychologisches Feingefühl und könnten dazu neigen, schwächere Partner zu beherrschen. Wenn das ein Mensch ist, der viel Unterstützung braucht, könnte dieser Zug von Vorteil sein. Aber eine gute Beziehung beruht vor allem auf Partnerschaftlichkeit.

Die dem Löwen zugeschriebene Großzügigkeit zeigt sich besondes, wenn Sie verliebt sind. Der falsche Partner wird vermuten, daß Sie angeben wollen oder versuchen, ihn zu beeindrucken. Dem ist nicht so, denn bei Ihnen gehört »Feiern« einfach dazu, ohne daß Sie an die Kosten denken.

Als Liebender

Die feurige Natur des Löwen brennt heftig und hell, wenn er merkt, daß er verliebt ist. Er wird mit seinem Partner die reine Freude und

Überschwenglichkeit seines positiven Gefühls teilen wollen, durch psychischen Gleichklang und Freundschaft genauso wie durch lohnenden und erfüllenden Sex. Wichtig ist für alle Löwen, Partner zu haben, die die Begeisterung für ihre Interessen teilen können.

Liebestypen

Manche Löwen flirten gern und genießen sowohl Freundschaft als auch Liebe und Romantik mit ihrem Geliebten. Sie brauchen geistig ebenbürtige Partner. Andere Sonnenzeichen-Löwen sind sehr sentimental und könnten eine klaustrophobische Atmospähre in einer Beziehung schaffen. Wenn der Partner sich entschließt, Schluß zu machen, fällt es ihnen äußerst schwer zu akzeptieren, daß die Beziehung zu Ende ist. Viele Löwen sind im Ausdruck ihrer Liebe völlig »löwen-like«. Sind sie verliebt, wird das Leben zum gewaltigen romantischen Musical, zu Oper oder Film.

Manche Löwen legen eine gewisse Bescheidenheit an den Tag. Es gibt auch Löwen, die sich erst als ganzer Mensch fühlen, wenn sie einen festen Partner gefunden haben. Eine verfrühte Beziehung kann für sie schädlich sein.

LÖWE

WOHNUNG

DAS WARME UND LICHTDURCHFLUTETE HEIM DES LÖWEN ZEIGT DEN HÖCHSTEN BEQUEMLICHKEITSSTANDARD. ELEGANZ, STIL UND SCHÖNHEIT HERRSCHEN VOR UND WERDEN AUCH MIT GERINGEN MITTELN ERREICHT.

Wo immer Löwen auch leben, sie bemühen sich stets, aus ihrem Zuhause etwas ganz Besonderes zu machen. Vermutlich geben sie aus diesem Grund viel Geld für hübsche Dinge und die Verschönerung ihrer Wohnung aus. Ihr Zuhause ist wahrscheinlich luxuriös, farbenfroh und gemütlich. Wenn Sie einen Garten besitzen, stehen darin viele farbenprächtige Blumenarten, und falls das Klima es zuläßt, werden Sie verlockende exotische Früchte und Gemüsesorten pflanzen.

Klassische Skulptur
Löwen besitzen häufig eine Kopie von einer antiken Skulptur.

Möbel

Wenn es ans Möbelaussuchen geht, sind für Ihre Entscheidungen wahrscheinlich Eleganz und Komfort bestimmend. Löwen entspannen sich gerne in schöner Umgebung, die stilvoll, luxuriös und angenehm für das Auge ist. Sie sind sehr stolz auf ihr Zuhause und geben, wie gesagt, viel Geld aus, um sicher zu gehen, daß die gewählte Einrichtung ihnen nicht nach ein oder zwei Jahren langweilig erscheint. Auf diese Weise vermeiden sie die Gespaltenheit durch das konstante Bedürfnis nach Veränderung. Qualität ist augenscheinlich sehr wichtig für sie. Auch haben Löwen einen starken Hang zur Selbstdarstellung, den sie aber im Zaum halten sollten. Sie könnten einen Raum beispielsweise durch zu aufwendige und offensichtlich teure Möbel, die sie auch noch unvorteilhaft stellen, überladen.

Exotische Tapete

Die Einrichtung des Löwen ist oft auffallend, wie diese Tapete im William-Morris-Stil.

Elegante Bezugsstoffe

Stoffstruktur und warme, leuchtende Farben sind wichtig: Viele Löwen bevorzugen schwere Seiden- und Brokatstoffe oder auch Samt, die durch ihre Beschaffenheit die jeweiligen Farben noch vertiefen und verstärken.

Obwohl sie Fellteppiche mögen, sind Löwen oft Beschützer wilder Tiere und lieben Wildkatzen besonders. Kein anständiger Löwe würde einen Teppich aus echtem Löwen- oder Tigerfell besitzen; es müßte schon eine besonders gute Imitation sein.

Accessoires

Bei allen Dekorationsgegenständen ist dem Löwen nur das Beste gut genug. Daher findet man im Hause eines Löwen nur Gegenstände, die so perfekt als möglich sind oder die Geldbörse ihres Besitzers ziemlich beansprucht haben. Sie besitzen nur feinstes Kristallglas, und Bilder, die sie vielleicht selbst gemalt haben, hängen in besonders schönen Rahmen an den Wänden. Löwen lieben klassische Gegenstände wie z. B. die Reproduktion einer griechischen Skulptur oder eines zu Pferd sitzenden römischen Kaisers.

Bunter Lehnsessel mit Kissen

Die goldene Farbe dieses Sessels und des Kissens spiegeln die Farbe der Sonne, die der Löwe so liebt.

DER MOND UND SIE

Die Sonne prägt unsere Erscheinung, unser Auftreten und wesentliche Merkmale unserer Persönlichkeit. Der Mond, obwohl er nur als Satellit die Erde umkreist, ist aus astronomischer Sicht der zweitwichtigste Himmelskörper im Sonnensystem. Je nachdem, in welchem Zeichen der Mond bei unserer Geburt stand, beeinflusst dies unser Empfinden und Erleben, unser »typisches« Verhalten und bis zu einem gewissen Grad auch das, was wir von unseren Eltern und Vorfahren geerbt haben. Mit Hilfe der Tabellen auf den Seiten 56-59 können Sie Ihr eigenes Mondzeichen herausfinden und damit einen weiteren Schritt auf dem Weg zur Entdeckung Ihrer Persönlichkeit tun.

DER MOND IM WIDDER

DIE KONSTELLATION ZWEIER FEUERZEICHEN VERLEIHT IHNEN EINE MENGE PHYSISCHER UND EMOTIONALER ENERGIE. SIE SIND UNGEZWUNGENER ALS DIE MEISTEN LÖWEN. VERMEIDEN SIE UNBESONNENES, SELBSTSÜCHTIGES VERHALTEN GEGENÜBER DEM PARTNER.

Sie sind ein energischer Mensch und haben einen starken Drang zu siegen. Dank Ihres Löwe-Organisationstalents dürften Sie jede schwierige Situation ohne weiteres meistern.

Persönlichkeit

Unglücklicherweise leben Sie manchmal Ihre Löwe-Herrschsucht aus. Aber der lebhafte positive Einfluß Ihres Widder-Mondes macht es unwahrscheinlich, daß Sie andere Menschen allzusehr gegen sich aufbringen. Ihr Widder-Mond mildert auch jede Löwe-Pomphaftigkeit. Seien Sie nicht zu ungeduldig, dies könnte zu voreiligen und unüberlegten Handlungen führen. Lernen Sie aus Ihren Fehlern und mäßigen Sie sich. Möglicherweise können Sie mit einzelnen Aspekten einer Sache nicht gut umgehen und brauchen Hilfe von anderen, nachdem Sie den Gesamtplan entworfen haben. Sie besitzen beachtliche Energiereserven, können aber aufbrausend sein. Aber weder Löwe noch Widder hegen lange Groll, und nach einem Wutanfall kommt bald die Großmut wieder zum Vorschein.

Liebesleben

Ihr Widder-Mond macht Sie zu einem sehr leidenschaftlichen und lebendigen Liebhaber, und Ihre angeborene *joie de vivre* wirkt ansteckend und anziehend zugleich. Der schlimmste Widder-Fehler ist seine Selbstsucht: Sie können manchmal sehr egoistisch sein, was Sie nicht besonders liebenswert macht.

Sie gehören zu den sexuell aktivsten Löwen und können sich auf den ersten Blick verlieben. Sie erwarten eine ebenso positive und sofortige Reaktion von Ihrem zukünftigen Partner. Bedenken Sie, daß nicht jeder sich seiner Gefühle gleich so sicher ist wie Sie, und versuchen Sie, Geduld zu lernen.

Gesundheit

Da die Widder-Körperregion der Kopf ist, dürften Sie überdurchschnittlich

Der Mond im Widder

oft an Kopfschmerzen leiden, für die häufig andere Menschen der Grund sind. Sie könnten manchmal aber auch von leichten Nierenstörungen, die ebenfalls widdertypisch sind, kommen.

Wegen Ihrer Ungeduld und schneller Reaktionen erleiden Sie leicht kleinere Mißgeschicke. Geben Sie deshalb in heiklen Situationen auf sich acht.

Finanzen

Ihr Widder-Mond läßt Sie in finanzieller Hinsicht impulsiv reagieren, und Sie könnten zu viel Geld investieren, wenn Sie überzeugt sind, daß es sich lohnt. Vorsicht ist ratsam, da zuviel Enthusiasmus Ihnen schaden könnte.

Familie

Sie gehören zu den besonders motivierten und ermutigenden Eltern, die sich Zeit nehmen, ihre Kinder zu verwöhnen, und dafür sorgen, daß sie ihre Freizeit aktiv gestalten. Begeistern Sie sich für ihre Vorhaben, und Sie werden zusammen viel Spaß haben.

DER MOND IM STIER

DER LÖWE WILL VON ALLEM NUR DAS TEUERSTE UND BESTE, WAS AUCH IHREM STIER-MOND GEFÄLLT. DA SIE FÜR ALL DEN LUXUS VIEL GELD BRAUCHEN, VERSUCHEN SIE, IHREN GESCHÄFTSSINN ZU ENTWICKELN. BEMÜHEN SIE SICH, NICHT AUFZUFALLEN.

Sie haben Glück, da astrologisch gesehen der Mond im Stier »an seinem Platz« liegt; was bedeutet, daß er einen großen Einfluß auf Sie ausübt. Ihr Mondzeichen macht Sie sehr vertrauenswürdig und verläßlich.

Persönlichkeit

Sie brauchen mehr als andere das Gefühl emotionaler und finanzieller Sicherheit; wenn Sie beides erreicht haben, werden Sie aufblühen. Ihre Löwe-Vorliebe für Luxus und Qualität wird von Ihrem Stier-Mond noch verstärkt, da nach dem Löwen der Stier das Sternzeichen ist, das am meisten die angenehmen Dinge liebt. Ihr Stier-Mond macht Sie praktisch und nüchtern, und Sie arbeiten hart und beharrlich, um Ihre Ziele zu erreichen.

Liebesleben

Ihre Löwe-Leidenschaft wird durch die Stier-Sinnlichkeit verstärkt. Sie sind gewöhnlich treu. Dennoch müssen Sie sich bewußt sein, daß die besitzergreifende Art, der schlimmste Stier-Fehler, Sie leicht befallen kann. Versuchen Sie diesen negativen Zug mit Löwe-Großmut auszugleichen.

Gesundheit

Die Stier-Körperregion ist der Hals. Wenn Sie gerne singen, sollten Sie sich gut pflegen, da Erkältungen sich zu allererst in diesem Bereich festsetzen.

Stiere haben sehr oft einen recht langsamen Stoffwechsel. Um exzessive Gewichtszunahme zu vermeiden, treiben Sie regelmäßig Sport. Ihr Stier-Mond hat Ihnen eine Vorliebe für Süßes verliehen. Schränken Sie deshalb den Genuß von kalorienreichen, üppigen Kuchen und Schokolade ein.

Finanzen

Ihre den Luxus liebenden Instinkte verlangen von Ihnen, daß Sie ziemlich viel Geld verdienen. Glücklicherweise beschert Ihnen Ihr Stier-Mond ein aus-

Der Mond im Stier

gezeichnetes Gespür für Finanzen, dem Sie folgen sollten. Sie wissen vermutlich intuitiv, wann und in was Sie investieren müssen.

Der Kontostand auf Ihrem Bankauszug wird Sie sehr befriedigen (und beweist Ihre gute und harte Arbeit). Sicher sind Sie darauf bedacht, Ihr Geld für sich arbeiten zu lassen.

Familie

Sie sind ein guter Erzieher und erlauben Ihren Kindern nicht, ihre Zeit zu vergeuden. Da Löwe und Stier beide disziplinierte Zeichen sind, können Sie recht streng zu Ihren Kindern sein – manchmal sogar etwas hart. Diese wissen sicherlich, wo sie mit Ihnen stehen, denn Sie sagen genau das, was Sie meinen – ohne Umschweife. Aber denken Sie darüber nach, ob Sie nicht manchmal zu unflexibel sind.

Versuchen Sie, mit den Ansichten Ihrer Kinder mitzuhalten und mit der Zeit zu gehen. Dann dürften Sie dank Ihrer hervorragenden Eigenschaften den Generationskonflikt kaum je zu spüren bekommen.

DER MOND IM ZWILLING

IHRE LÖWE-KREATIVITÄT KÖNNTE ZU IHRER ZWILLING-KOMMUNIKATIONSGABE PASSEN UND SIE ZUM SCHRIFTSTELLER MACHEN. BETRACHTEN SIE IHRE GEFÜHLE NICHT ZU RATIONAL UND REDEN SIE NICHT SO VIEL, DASS KEINE ZEIT MEHR ZUM HANDELN BLEIBT.

Das Feuer Ihrer Löwe-Sonne wird von Ihrem Luftzeichen Zwilling-Mond, der Sie kraftvoll, rational und in intelligenter Weise reagieren läßt, entfacht und verstärkt. Sie sind schlagfertig und haben stets einige relevante und originelle Bemerkungen parat. Der Hang des Löwen zu Förmlichkeit und Wichtigtuerei kommt bei Ihnen wahrscheinlich kaum zu Vorschein.

Persönlichkeit

Sie sind extrem vielseitig und könnten etwas zu schnell von einem Interesse oder Vorhaben zum nächsten schweifen. Versuchen Sie Oberflächlichkeit zu vermeiden und kein Durcheinander von unbeendeten Aufgaben und aufgegebenen Hobbies hinter sich zu lassen.

Ihre Löwe-Kreativität könnte sich im Schreiben ausdrücken oder vielleicht in aufwendiger Handarbeit, bei der Sie z. B. Edel- oder Halbedelsteine, Kristalle, Metalle oder Stoffe verarbeiten. Es fehlt Ihnen nicht an Begeisterung, aber Sie müßten sich ernsthaft bemühen, daß sie anhält, da Langeweile oder die spezielle Zwilling-Schwäche, seine Unruhe, Sie befallen können.

Liebesleben

Sie zweifeln leicht an Ihren Gefühlen oder versachlichen sie. Achten Sie darauf, Ihre Gefühle nicht zu unterdrükken, weil Ihre ganze Persönlichkeit darunter leiden würde. In Liebesdingen können Sie sowohl unbekümmert als auch leidenschaftlich sein. Wenn Freundschaft ehrliche, physische Liebe miteinbezieht, kommen alle Töne Ihrer Löwe-Persönlichkeit zum Klingen.

Gesundheit

Die Zwilling-Körperregion umfaßt die Hände und Arme, die daher besonders anfällig für Verletzungen sind. Das Zwilling-Organ ist die Lunge; für Raucher mit Zwillinge-Einfluß ist es absolut lebenswichtig zu versuchen, diese Gewohnheit einzuschränken oder ganz

Der Mond im Zwilling

aufzugeben. Wenn sich ein Husten in den Lungen festsetzt, sollten Sie baldmöglichst einen Arzt aufsuchen.

Finanzen

Löwen lieben Qualität und müssen möglichst viel verdienen. Sie fühlen sich von wohlklingenden, einträglichen Anlage-Projekten mit schneller und reicher Gewinnausschüttung angezogen. Seien Sie vorsichtig: Sie könnten mehr verlieren als gewinnen! Lassen Sie sich in Geldangelegenheiten stets professionell beraten. Da Sie zu den vielseitigsten Löwen gehören, sollten Sie Ihr Leben so organisieren, daß Sie zwei Einkommensquellen haben. Sie könnten z. B. ein Hobby professionalisieren und es dann auf irgendeine Weise vermarkten.

Familie

Sie gehören zu den lebhaftesten Löwe-Eltern, denn Zwillinge haben den Ruf, die jugendlichsten Eltern des Tierkreises zu sein. Sie sind innerlich und körperlich jung geblieben, was Ihre Kinder zu schätzen wissen.

DER MOND IM KREBS

SONNE UND MOND STEHEN IN DEM ZEICHEN, DAS SIE REGIEREN, DAHER SIND IHRE POSITIVEN UND NEGATIVEN MERKMALE PERFEKT GEMISCHT. NUTZEN SIE IHRE LÖWE-DARSTELLUNGSFÄHIGKEIT UND FOLGEN SIE IHRER KREBS-INTUITION UND IHREN INSTINKTEN.

Sonne und Mond, die zwei einflußreichsten Körper im Sonnensystem, wirken stark und in positiver Weise auf Sie. Sie geben Ihnen einige hervorragende Charaktereigenschaften, die Sie immer zu Ihrem größten Vorteil nutzen sollten.

Persönlichkeit

Ihr Krebs-Mond fügt den Eigenschaften Ihrer Löwen-Sonne viel Intuition und starke Instinkte hinzu, die Sie pflegen sollten: wenn Sie instinktiv fühlen, daß Sie auf eine bestimmte Art handeln müssen, dann tun Sie es auch. Ihr Mondzeichen verleiht Ihnen auch eine starke und lebendige Vorstellungskraft, die kreativen Ausdruck finden kann. Wenn Sie diese Eigenschaft nutzen, gelingen Ihnen vielleicht sehr schöne Kunstwerke oder Handarbeiten. Geben Sie acht, daß Ihre Vorstellungskraft nicht außer Kontrolle gerät; Sie neigen dazu, sich unnötig Sorgen zu machen.

Liebesleben

Sie sind sehr gefühlsbetont: die feurigen, positiven und begeisterten Emotionen des Löwen verbinden sich mit den zärtlicheren, empfindlicheren des Krebs-Mondes. Sie können ohne Schwierigkeiten Ihren Lieben Gefühle zeigen – sei es der Partner, Kinder oder ein Haustier. Ihr Beschützerinstinkt ist ebenfalls sehr ausgeprägt, und obwohl Sie ein äußerst lebhafter und leidenschaftlicher Liebhaber sind, bemuttern Sie Ihre Partner auch gern. Geben Sie acht, daß Sie sie dadurch nicht zu sehr einengen.

Gesundheit

Sie sind weitaus anfälliger für Sorgen als die meisten Löwen. Um jeder unnötigen Befürchtung entgegenzuwirken, sollten Sie Ihrem Löwe-Optimismus viel freien Ausdruck lassen.

Die Körperregion des Krebses sind der Brustkorb und die Brüste. Zwischen dem Zeichen und der gleichna-

Der Mond im Krebs

migen Krankheit besteht zwar keine Verbindung; Frauen mit Krebs-Mond sollten sich jedoch regelmäßig auf Brustkrebs untersuchen lassen.

Finanzen

Ihr Krebs-Mond verleiht Ihnen einen instinktiven Geschäftssinn. Sie sind fähig, vernünftig und geschickt zu investieren, obwohl hierbei gelegentlich auch Konflikte entstehen könnten. Das Löwe-Ich ist sehr großzügig und gibt gerne Geld für Spaß und schöne Dinge aus, während Ihr Krebs-Mond Sie eher etwas vorsichtiger mit Geld macht. Ein faszinierendes und sehr lukratives Hobby könnte eine ungewöhnliche Sammlung jeglicher Art, deren Wert mit den Jahren steigt, für Sie werden. So könnte Ihr Krebs-Sammlertrieb sich auch materiell zu Ihrem Vorteil entwickeln.

Familie

Sie sind ein sehr sanfter und begeisterungsfähiger Elternteil und ermutigen Ihre Kinder, die in ihnen steckenden Fähigkeiten auszuschöpfen.

Versuchen Sie nicht, sie übermäßig zu beschützen, und lassen Sie sie ziehen, wenn sie den Wunsch verspüren, ihr eigenes Leben zu führen.

DER MOND IM LÖWEN

DA SONNE UND MOND AM TAG IHRER GEBURT BEIDE IM LÖWEN STANDEN, WURDEN SIE BEI NEUMOND GEBOREN. LÖWE IST EIN FEUERZEICHEN, UND DIESES ELEMENT BEEINFLUSST IHRE PERSÖNLICHKEIT UND REAKTIONEN ÄUSSERST STARK.

Wenn Sie eine Liste von typischen Löwe-Eigenschaften studieren, werden Sie finden, daß ein sehr hoher Prozentsatz davon auf Sie zutrifft. Durchschnittlich bezeichnen Menschen etwa elf oder zwölf von insgesamt zwanzig Eigenschaften als für sie zutreffend. Bei Ihnen dürfte diese Quote jedoch weit höher liegen.

Persönlichkeit

Ihr Sonnenzeichen verleiht Ihnen eine äußerst positive Lebensanschauung, hervorragendes Organisationstalent und eine Menge kreatives Potential. Ihr Mond steuert das starke Bedürfnis bei, diese Eigenschaften voll auszudrücken. Da die fixe Eigenschaft des Löwen zusätzlich betont wird, könnten Sie manchmal unflexibel und stur sein.

In den meisten Situationen werden Sie auf typische Löwe-Art reagieren, indem Sie sofort die Führung übernehmen – besonders in einer Krise. Sie können ziemlich herrschsüchtig und dogmatisch sein. Nehmen Sie es zur Kenntnis, wenn Sie dieser unerfreulichen Eigenschaften bezichtigt werden.

Liebesleben

Sie besitzen positive, feurige Gefühle, die Sie mit viel Begeisterung in Ihrer Beziehung zum Ausdruck bringen. Ihre Freude an Liebe und Sex ist groß, aber Sie wollen auch dafür sorgen, daß Sie und Ihr Partner einen Lebensstil führen, der durch so viele schöne Erlebnisse bereichert wird, wie Sie sich leisten können. Geben Sie acht, in Beziehungen nicht zu stark zu dominieren.

Gesundheit

Alles, was auf den Seiten 22 bis 23 über die Gesundheit des Löwen gesagt wurde, trifft auf Sie besonders zu. Achten Sie darauf, sich genügend zu bewegen, um Ihren Körper, speziell Ihr Rückgrat und Ihr Herz, fit zu halten. Ihre Neigung zu einem üppigen Leben könnte Gewichtszunahme zur Folge haben,

Der Mond im Löwen

bleiben Sie also im Training. Zweifellos lieben Sie Sonnenschein und warmes Wetter und hassen die Kälte. Da Sie vermutlich schön braun werden, vergessen Sie nicht, Ihre Haut mit einer starken Sonnencreme zu schützen.

Finanzen

Da Sie sich gerne erfrischend extravagant verhalten, geben Sie viel Geld aus und werden deshalb viel verdienen müssen. Lassen Sie »Rom wurde nicht an einem Tag erbaut« Ihr finanzielles Motto sein, und freuen Sie sich an kleinen Investitionen. Finanzielle Sicherheit ist Ihnen wichtig, und obwohl Sie zu Extravaganz neigen, mangelt es Ihnen wahrscheinlich nicht an Geschäftssinn.

Familie

Löwe ist das Zeichen der Elternschaft und der Kinder. Sie sind ein ausgezeichneter Erzieher, vorausgesetzt, Sie schaffen es, keine zu dogmatische Einstellung zu haben. Ihr Interesse, Ihre Unterstützung und Ihre Begeisterung lassen Sie eine wirklich gute Beziehung zu Ihren Kindern aufbauen. Halten Sie sich über die Ansichten Ihrer Kinder auf dem Laufenden, und Sie werden kaum Probleme haben.

DER MOND IN DER JUNGFRAU

EINE VORSICHTIGE, FAST VERNICHTENDE INNERE STIMME KÖNNTE MANCHMAL IHR VERHALTEN KRITISIEREN UND IHR SELBSTBEWUSSTSEIN SCHWÄCHEN. IHRE LÖWE-SONNE MUSS KÄMPFEN, DAMIT IHR JUNGFRAU-MOND KONSTRUKTIV UND HILFREICH SEIN KANN.

Obwohl Ihr Erdzeichen-Mond nicht besonders mit Ihrer Feuerzeichen-Sonne harmoniert, verleiht er Ihnen einen hervorragenden praktischen Instinkt, der die Überschwenglichkeit Ihrer Löwe-Sonne stabilisiert.

Persönlichkeit

Ihre angeborene Vorsicht wirkt wie eine Bremse, wenn Sie versucht sind, anzugeben oder sich aufzuspielen. Aber wenn Sie Herausforderungen begegnen, macht sich manchmal Besorgnis oder mangelndes Selbstbewußtsein bemerkbar. Das ist für die meisten Sonnenzeichen-Löwen uncharakteristisch, könnte aber in Ihrem Fall an dem Einfluß Ihres Mondes liegen. Denken Sie in solchen Situationen an Ihre Erfolge und seien Sie selbstbewußt!

Sie denken logisch und kritisch, haben aber den Hang, sich sofort mit Einzelheiten eines Projekts zu beschäftigen. Ihre Löwe-Kreativität könnte sich in Gartenarbeit oder bei einem Kunsthandwerk mit natürlichen Materialien gut beweisen.

Liebesleben

Ihr Jungfrau-Mond kühlt Ihre Löwe-Emotionen ein wenig ab und fügt Ihrer Persönlichkeit eine erfrischende Bescheidenheit hinzu.

Trotz der leidenschaftlichen Natur des Löwen ist Ihr Schlüsselwort »Vorsicht«, wenn sich eine Beziehung entwickelt. Jeder Verehrer wird kritisch auseinandergenommen, bevor Sie mit Ihm ausgehen, und ganz bestimmt, bevor sich die Beziehung vertiefen darf.

Gesundheit

Da die Jungfrau sich oft sorgt, könnten Sie dies mehr als viele Sonnenzeichen-Löwen zu spüren bekommen. Gehen Sie diese Sache kritisch an: Betrachten Sie Ihre Probleme logisch.

Die Jungfrau-Körperregion ist der Magen, und Sie könnten Verdauungsschwierigkeiten haben, die bei Streß

Der Mond in der Jungfrau

immer wiederkehren. Ihre nervöse Energie könnte zu Anspannungen führen und Migräne auslösen. Zur Entspannung hilft Yoga.

Finanzen

Ihr Jungfrau-Mond nimmt in Geldangelegenheiten starken Einfluß. Die Extravaganz des Löwen betrifft Sie wahrscheinlich weniger als andere Löwen. Sie könnten manchmal sogar besser dastehen, als Sie meinen, und obwohl Sie Ihr Geld nicht verschwenden brauchen, sollten Sie nicht auf die schönen Dinge des Lebens verzichten.

Familie

Obwohl alle Sonnenzeichen-Löwen Spaß an ihren Kindern haben, versuchen Sie, ihre Leistungen nicht zu kritisch zu beurteilen. Es wäre schade, wenn dadurch ihre Einsatzfreude und ihr Selbstvertrauen gebremst würde. Die Ideen und Vorstellungen der jungen Generation können Sie rational gut nachvollziehen.

DER MOND IN DER WAAGE

DURCH DEN EINFLUSS IHRES WAAGE-MONDS KÖNNTE MAN SIE FÜR FAUL UND UNTÄTIG HALTEN, ABER DIE LÖWE-SONNE WILL SICH JEDEN TAG VOLL AUSLEBEN. IHR MOND WIRD IHNEN HELFEN, DAS LEBEN ZU GENIESSEN.

Die Kombination aus dem Feuer-Element Ihrer Sonne und dem der Luft Ihres Mondes fügt Ihrer Persönlichkeit interessante Aspekte hinzu.

Persönlichkeit

Herausforderungen begegnen Sie mit dem typischen Löwe-Enthusiasmus. Ihr Waage-Mond sorgt dafür, daß dieser Enthusiasmus ruhig, entspannt und diplomatisch eingesetzt wird. Da Unentschlossenheit der schlimmste Waage-Fehler ist, könnten Sie besonders unter Druck oder in angespannter Lage untypischerweise Ihre Meinung ändern. Setzen Sie Ihr Löwe-Organisationstalent ein, mit dem Sie Ihren Denkprozeß kontrollieren können.

Löwe und Waage schätzen beide Bequemlichkeit und Luxus, also werden Sie hier keine Unstimmigkeiten zwischen Ihrem Sonnen- und Mondzeichen erfahren. Sie besitzen die Fähigkeit sich zurückzulehnen, auszuspannen und einfach gesellig zu sein.

Liebesleben

Sie sind ein wundervoller Liebhaber und achten auf die Bedürfnisse Ihres Partners. In mancher Hinsicht könnten Sie sich nicht als ganzer Mensch fühlen, solange Sie nicht in einer dauernden Beziehung leben. Seien Sie vorsichtig: Durch Ihren Wunsch, eine tiefgehende Beziehung zu finden, könnten Sie sich zu früh binden. Manchmal erwarten Sie zu viel vom Partner, einfach weil Sie selber so viel zu geben haben.

Gesundheit

Die Waage-Körperregion sind die Nieren und der Lendenbereich. Da der Löwe das Rückgrat und den Rücken regiert, treten manchmal Schmerzen auf. Die Qualität Ihrer Matratze ist ausschlaggebend. Auch könnten Sie häufig Kopfschmerzen bekommen, die von einer leichten Nierenstörung herrühren. Holen Sie ärztlichen Rat ein, wann immer es notwendig erscheint. Gutes Essen ist ein weiterer Luxus, den Löwe

Der Mond in der Waage

und Waage schätzen; Waagen nehmen leichter zu, da viele einen langsamen Stoffwechsel haben. Wenn Sie den Hang zu Trägheit haben, versuchen Sie Ihren Stoffwechsel durch Bewegung anzuregen.

Finanzen

Die Extravaganz und Vorliebe des Löwen für Qualität werden Ihre Finanzen angreifen. Da Buchführung und Geldanlagen Sie langweilen könnten, wäre es ratsam, den seriösen finanziellen Rat eines Experten anzunehmen, und durch regelmäßiges Sparen eine Rücklage zu schaffen.

Familie

Erlauben Sie der Waage-Unentschlossenheit nicht, Ihre positiven Löwe-Eigenschaften als Elternteil zu untergraben. Ihr Löwe-Sonnenzeichen stellt sicher, daß Sie die Elternschaft genießen. Ihre Anteilnahme an den Interessen Ihrer Kinder wird sie zu größeren Anstrengungen anspornen. Beachten Sie ihre Sorgen und Ansichten, um Generationskonflikte zu vermeiden.

DER MOND IM SKORPION

DEN EIGENSCHAFTEN DES LÖWEN FÜGT DER SKORPION-MOND TIEFE, INTENSITÄT UND STARKE, EMOTIONAL ORIENTIERTE ANTRIEBSKRAFT HINZU. SIE MÜSSEN IN IHRER ARBEIT AUFGEHEN KÖNNEN UND BRAUCHEN EINE ERFÜLLTE BEZIEHUNG.

Sie besitzen große physische und emotionale Energiereserven, und für Ihre innere Erfüllung ist es lebenswichtig, daß Ihr Lebensstil es erlaubt, ihnen freien Lauf zu lassen.

Persönlichkeit

Sie müssen in Ihrer Arbeit innerlich engagiert sein. Wenn das nicht der Fall ist, werden Sie frustriert, und brütende Unzufriedenheit wird sich Ihrer bemächtigen. Da Löwe und Skorpion beide fixe Zeichen sind, sollten Sie flexibel und aufgeschlossen sein. Nehmen Sie es sich zu Herzen, wenn jemand Sie anklagt, Sie wären dogmatisch oder stur. Seien Sie entschlossen, aber nicht unnachgiebig.

Liebesleben

Da Sie sowohl die feurigen Gefühle des Löwen als auch die tiefgehende, intensive Emotion des Skorpions besitzen, werden Sie Ihre Gefühle wirklich leidenschaftlich ausdrücken. Sie zählen zu den leidenschaftlichsten Liebhabern und brauchen einen Partner, der Sex genauso gerne mag wie Sie. Der schlimmste Skorpion-Fehler ist seine Eifersucht, ein Gefühl, das Löwen überhaupt nicht kennen. Sollten Sie ihr erliegen, versuchen Sie rational zu denken, und lassen Sie Ihren Löwe-Großmut siegen.

Gesundheit

Die Skorpion-Körperregion ist der Genitalbereich. Achten Sie in diesem Bereich besonders auf Ihre Gesundheit.

Während einige Menschen mit einer Skorpion-Betonung schlank und drahtig sind, neigen andere zu Stämmigkeit. Wenn Sie der letzteren Kategorie angehören, könnten Sie einen etwas langsamen Stoffwechsel haben. Versuchen Sie ihn durch viel Bewegung zu beschleunigen. Löwe und Skorpion genießen ihr Leben gerne in vollen Zügen und lieben Wein und gutes Essen. Dies kann sich nachteilig auf Ihre Figur

Der Mond im Skorpion

auswirken. Wenn Sie abnehmen müssen, reduzieren Sie allmählich Ihre normalen Eßgewohnheiten und stellen Sie auf eine vernünftige, ausgewogene Ernährung um.

Finanzen

Sie besitzen einen ausgezeichneten Geschäftssinn, den Sie bei Investitionen gut einsetzen. Ihre Löwe- und Skorpion-Vorliebe für gute Qualität und schöne Dinge kostet Sie eine Menge Geld. Wenn Sie in Ihrer Motivation, viel Geld zu verdienen, nicht nachlassen, können sie es sich leisten.

Familie

Es könnte sein, daß Sie ein strenger Elternteil sind. Sie haben Ihre Kinder gern bei sich, sind aber ein wenig zu anspruchsvoll. Wenn Sie nicht zu dogmatisch sind, werden Sie ein gutes Verhältnis zu ihnen haben. Ihre Kinder werden als Erwachsene andere Ansichten als Sie entwickeln, versuchen Sie dies zu akzeptieren.

DER MOND IM SCHÜTZEN

IHR SONNEN- UND MONDZEICHEN BILDEN EINE LEBHAFTE KOMBINATION, WOBEI DER SCHÜTZE-MOND IHNEN EINE GEWISSE LÄSSIGKEIT BESCHERT. SIE BRAUCHEN ABENTEUER DURCH LERNEN UND REISEN. MIT RÜCKSCHLÄGEN WERDEN SIE GUT FERTIG.

Wenn Sie sich einer oder zweier negativer Tendenzen bewußt sind, dürften Ihre Löwe-Sonne und Ihr Schütze-Mond alles in allem gewinnbringend zusammenarbeiten.

Persönlichkeit

Sie besitzen einen positiven Enthusiasmus, der zutagetritt, sobald Sie herausgefordert sind oder jemand einen Vorschlag macht, der Ihnen gefällt. Sie werden ihn ermutigen, und solange Sie begeistert sind, werden Sie versichern, daß Sie gemeinsam alles erreichen können. Sie besitzen die großartige Fähigkeit, das Gesamtbild jeder Situation sofort zu erfassen, sollten aber die Tatsache akzeptieren, daß Sie von Einzelheiten leicht gelangweilt sind.

Sie sind äußerst vielseitig und brauchen eine Vielfalt an physischen, geistigen und kreativen Interessen. Ihre starken Emotionen sollten Sie in eine Sache investieren, an der Ihnen viel liegt.

Liebesleben

Ihre starken Gefühle kommen am besten in Liebes- und Beziehungsangelegenheiten zur Geltung. Sie verlieben sich sehr schnell – vielleicht sogar auf den ersten Blick – und Ihre Lebensfreude, Ihre Begeisterung für Liebe und Sex und Ihre warme, liebevolle Natur setzen die Abwehr Ihres Partners schnell außer Gefecht. Obwohl Sie eine dauerhafte Beziehung suchen, haben Sie ein größeres Bedürfnis nach Selbstverwirklichung als die meisten Sonnenzeichen-Löwen.

Gesundheit

Die Schütze-Körperteile sind Hüfte und Oberschenkel, und speziell die Frauen neigen hier zu Gewichtszunahme. Es ist ratsam für Sie, auf eine relativ leichte Ernährung umzustellen.

Das Schütze-Organ ist die Leber. Folglich könnten Sie schlimmer unter exzessivem Essen und Trinken leiden als die meisten Löwen.

Der Mond im Schützen

Finanzen

Sie haben eine heimliche Schwäche für finanzielle Risiken und einen starken Spieltrieb. Da Ihre Löwe-Sonne Ihnen einen extravaganten Geschmack verleiht, sollten Sie vorsichtig sein. Riskieren Sie nicht mehr Geld, als Sie sich leisten können, und vermeiden Sie »Schnelle-Mark«-Geschäfte. Sie könnten leicht eine Menge Geld verlieren. Lassen Sie sich eventuell von einem Finanzberater helfen.

Familie

Obwohl die meisten Löwen das Elterndasein genießen, neigen einige dazu, ziemlich zurückhaltend oder sogar förmlich zu ihren Kindern zu sein. Das ist bei Ihnen weniger der Fall, und Sie werden ohne Schwierigkeiten ihre kindliche Spontanität genießen.

Sicher wollen Sie nicht, daß Ihre Kinder Ebenbilder Ihrer selbst sind; Sie sollten sie daher nicht mit Ihren vielfältigen Interessen langweilen.

Versuchen Sie jedes kreative Talent, das sie geerbt haben, zu fördern. Sie werden in der Lage sein, mit ihren Ansichten mitzuhalten und dürften dadurch auch sehr wenig Probleme mit dem Generationskonflikt haben.

DER MOND IM
STEINBOCK

SIE SIND EHRGEIZIG UND WERDEN ALLES, WOFÜR SIE SICH EINSETZEN, ERREICHEN. LASSEN SIE IHREN ERDMOND INSTINKTIV SAGEN, WANN WICHTIGE SCHRITTE ZU TUN SIND, ABER LASSEN SIE DURCH IHN NICHT IHRE WARME LÖWE-SONNE ABKÜHLEN.

Ihr Steinbock-Mond verleiht Ihnen Eigenschaften, die in deutlichem Kontrast zu denen Ihrer Löwe-Sonne stehen, aber Sie dürften fähig sein, sie vorteilhaft zu kombinieren und für sich arbeiten zu lassen.

Persönlichkeit

Vorsicht und wohldurchdachte Reaktionen auf die meisten Situationen sind typisch für Sie. Ihr Löwe-Enthusiasmus wird durch Ihre praktische und kühle Annäherung an wichtige Fragen im Zaum gehalten. Aber die Lebensfreude Ihres Löwen scheint immer durch, und wahrscheinlich besitzen Sie einen instinktiven, trockenen Sinn für Humor, der amüsanter ist, als Sie glauben.

Ihr Steinbock-Mond könnte eine dämpfende Wirkung auf die Wärme Ihrer Löwe-Sonne haben, weshalb Sie manchmal etwas schwermütig sind. Bevor der Einfluß Ihrer Löwe-Sonne wirksam wird, verfinstern Wolken die Landschaft in Ihrem Inneren.

Löwen sind generell ehrgeizig und haben gerne Ihr kleines Reich, über das sie herrschen können. Steinböcke können ebenfalls äußerst ehrgeizig sein und streben nach höheren Dingen. Diese kombinierte Einstellung wird Ihnen helfen, alles, was Sie sich vorgenommen haben, auch zu erreichen.

Liebesleben

Ihr Steinbock-Mond macht Sie sehr vorsichtig in Ihrer Haltung und Annäherung gegenüber dem anderen Geschlecht. Haben sie sich einmal festgelegt, sind Löwe und Steinbock treu. Einem kleinen sozialen Aufstieg sind Sie nicht abgeneigt, sollten aber jede Tendenz anzugeben unterdrücken.

Gesundheit

Die Steinbock-Körperregion sind Knie und Schienbein. Gegen Gelenksteifheit hilft nur viel Bewegung. Da die Zähne ebenfalls vom Steinbock regiert sind, sollten Sie regelmäßig zum Zahnarzt

Der Mond im Steinbock

gehen. Zum Schutz Ihrer empfindlichen Haut brauchen Sie eine gute Sonnencreme!

Finanzen

Während Ihre Löwe-Sonne Sie zum Geldausgeben und Genießen drängt, ermutigen Sie Ihre Steinbock-Instinkte, den praktischen Weg einzuschlagen, und machen Sie zu einem gewieften Kapitalanleger. Sie besitzen einen guten Geschäftssinn und dürften erfolgreich sein, wenn Sie Ihr eigenes Geschäft starten. Das wichtigste für Sie ist, Ihr Geld zu genießen. Veschwenden Sie keine Zeit und Energie darauf, es nur auszugeben, um andere zu beeindrucken. Geben Sie es statt dessen für Ihre Lieben aus.

Familie

Nehmen Sie es sich zu Herzen, falls Ihre Kinder Sie beschuldigen, aufgeblasen oder altmodisch zu sein. Seien Sie nicht so beschäftigt, für sie Geld zu verdienen und sie mit allem, was sie brauchen, zu versorgen, daß Sie es versäumen, sie wirklich kennenzulernen.

DER MOND IM WASSERMANN

Löwe und Wassermann sind polare Zeichen, Sie wurden also unter Vollmond geboren. Sie werden zeitweise von Unrast geplagt und neigen zu Sturheit. Lassen Sie Ihre Wassermann-Originalität mit der Löwe-Kreativität verschmelzen.

Jeder von uns besitzt auf die eine oder andere Weise auch Eigenschaften seines polaren, d. h. im Tierkreis dem eigenen gegenüberliegenden Sternzeichens. Für den Löwen ist das polare Zeichen der Wassermann, und da der Mond bei Ihrer Geburt in diesem Zeichen stand, wird diese Polarität in Ihrer Persönlichkeit auffallend betont.

Persönlichkeit

Sie sind sehr unabhängig und machen alles auf eine Weise, die Ihnen für Sie genau richtig erscheint. Sie haben einen ganz eigenen Lebensstil entwikkelt, den Sie eifersüchtig verteidigen.

Ihre Individualität drückt sich auf verschiedene Arten aus: Vielleicht sehen Sie gerne etwas anders aus oder haben einen ungewöhnlichen Beruf. Ihre Löwe-Kreativität ist mit Originalität gewürzt, was gut für Ihre innere Zufriedenheit ist. Es ist wichtig für Sie, Flexibilität zu entwickeln, da Löwe und Wassermann beide fixe Zeichen sind, was Sie stur machen könnte. Versuchen Sie immer, Ihre Vorhaben zu Ende zu führen, sonst werden Sie unzufrieden und unruhig sein. Das ist eine der Auswirkungen, wenn man unter Vollmond geboren wurde.

Liebesleben

Sie könnten dazu neigen, sich von potentiellen Partnern zu distanzieren, nur weil Sie glauben, daß Sie für eine endgültige Bindung noch nicht bereit sind. Aber Wassermann-beeinflußte Menschen sind sehr romantisch, und wenn das Eis einmal gebrochen ist, sind sie ein treuer, liebevoller Partner, der zu einem erfüllten Sexleben fähig ist – vorausgesetzt, Sie haben genügend Luft zum Atmen und können ein wenig Unabhängigkeit bewahren.

Gesundheit

Die Wassermann-Körperregion sind die Knöchel, und Sie könnten Ihre

Der Mond im Wassermann

leicht verstauchen. Der Kreislauf wird ebenfalls vom Wassermann regiert, und da dieser eng mit dem Herz, dem Löwe-Organ, zusammenhängt, sollten Sie fest darauf achten, daß er gut funktioniert. Sie mögen kaltes, klares Wetter mehr als die meisten Löwen und treiben gerne Wintersport.

Finanzen

Sie fühlen sich stark zu glitzernden Dingen hingezogen, z. B. Spiegel, Vasen und Juwelen. Versuchen Sie, eine praktische Einstellung zum Geld zu finden, und suchen Sie Rat, wenn Sie investieren möchten.

Familie

Sie sind ein lebhafter Elternteil, aber Ihre unvorhersehbare Art könnte Ihre Kinder verunsichern.

Sie wollen sie gerne unkonventionell erziehen. Das kann gutgehen, aber manche Kinder wollen lieber klare Regeln, nach denen sie sich richten können.

DER MOND IM FISCH

IHR LÖWE-FEUER WIRD DURCH IHREN WASSER-MOND SENSIBILISIERT. MIT DISZIPLIN UND DEM RICHTIGEN EINSATZ IHRER HERVORRAGENDEN FÄHIGKEITEN WERDEN SIE VIEL ERREICHEN – BESONDERS IN KREATIVER ODER SOZIALER ARBEIT.

Obwohl Ihr Sonnen- und Mondzeichen äußerst verschiedene Eigenschaften haben, herrscht großes Einvernehmen zwischen beiden, was durch starke Gefühle und ein kreatives Potential verstärkt wird.

Persönlichkeit

Manchmal fühlen Sie sich sehr verunsichert. Und es ist wichtig zu erkennen, daß Sie sich selbst oft etwas vormachen. Zweifeln Sie nicht an sich selbst, und demotivieren Sie sich nicht selber. Lassen Sie Ihren Fische-Mond eine Inspirations- und Phantasiequelle sein, lenken Sie seine Kraft positiv und leben Sie Ihr ungeheures Potential mit allem Löwe-Selbstvertrauen der Welt aus. Seien Sie mutig, und Sie werden innere Zufriedenheit erreichen.

Liebesleben

Sie besitzen viel emotionale Energie, die Sie auch in humanitäre Zwecke investieren; aber das meiste richten Sie auf Ihren Partner. Sie können äußerst leidenschaftlich sein und höchstes Glück und tiefste Verzweiflung empfinden.

Ihre Einstellung zum Partner hat etwas Dramatisches wie bei den meisten Löwen; bei Ihnen ist es durch den Fische-Mond noch verstärkt. Sie sind für die Bedürfnisse Ihres Partners sehr empfänglich und heben ihn möglicherweise auf ein Podest. Lernen Sie, sich mitzuteilen: Sie wissen, was Ihnen Freude macht und sollten sich nicht zurückhalten.

Gesundheit

Ihre Problemzone sind die Füße. Zögern Sie nicht, wenn nötig Geld für Pediküre auszugeben.

Selbstdisziplin fällt Fischen schwer, speziell, was Sport und feste Mahlzeiten betrifft. Versuchen Sie sich eine geregelte Routine anzugewöhnen, und behalten Sie sie bei. Der Löwe in Ihnen braucht dies dringend. Jede Art von

Der Mond im Fisch

Bewegung, bei der Sie sich wohlfühlen, wird Ihrem Körper und Ihrer Seele guttun, und durch Training werden Sie Ihre Fische-Neigung zur Schlappheit besiegen.

Finanzen

Da Sie sehr großzügig und -herzig sind, sind Sie im Umgang mit Geld wahrscheinlich weniger geschickt als viele Löwen. Bedenken Sie, daß einige Menschen dies ausnützen könnten. Seien Sie deshalb standhaft, wenn Sie um ein »Darlehen« gefragt werden. Zwar sollten Sie vor Investitionen finanziellen Rat einholen, könnten aber Ihr Geld auch in den Aufbau einer speziellen Sammlung investieren. Das könnte Ihnen Freude bereiten, und ist, wenn sie wohlbedacht angelegt wird, eine gute Geldanlage.

Familie

Sie sind ein verständnisvoller, enthusiastischer und ermunternder Elternteil, aber lassen Sie Ihr sensibles Eingehen auf die Bedürfnisse und Vorschläge Ihrer Kinder nicht überhand nehmen. Nehmen Sie Anteil an den Ideen und Sorgen Ihrer Kinder, und Sie werden kaum Konflikte mit ihnen erleben.

Mondtabellen

Die Mondtabelle nennt Ihnen Ihr persönliches Mondzeichen. Lesen Sie im entsprechenden Kapitel Ihre Eigenschaften.

Suchen Sie in der Mondtabelle auf den Seiten 57 bis 59 Ihr Geburtsjahr und Ihren Geburtsmonat und merken Sie sich das astrologische Symbol am Kreuzungspunkt der beiden. Suchen Sie in der Monatstage-Tabelle auf Seite 56 Ihr Geburtsdatum und merken Sie sich die danebenstehende Zahl. Zählen Sie nun in der Zeichen-Tabelle daneben von dem astrologischen Symbol aus der Mondtabelle so viele Stellen nach unten, wie die Zahl aus der Tabelle neben Ihrem Geburtstag angibt. Springen Sie bei Bedarf von *Fische* zu *Widder*. So finden Sie Ihr Mondzeichen.

Beispiel: 21. Mai 1991. Unter Mai 1991 findet man in der Mondtabelle das Symbol Schütze (♐). Neben der Geburtszahl 21 steht die 9. Man zählt nun in der Zeichen-Tabelle von Schütze 9 Stellen nach unten und kommt zur Jungfrau (♍). Das Mondzeichen für den 21. Mai 1991 ist also Jungfrau.

Beachten Sie, daß der Mond sehr rasch wandert! Falls Sie das Gefühl haben, die Attribute Ihres Mondzeichens treffen nicht auf Sie zu, lesen Sie die Kapitel über das jeweilige Mondzeichen davor bzw. danach; in einem dieser drei finden Sie sich auf jeden Fall wieder.

Monatstage-Tabelle

Und Zahl der zum astrologischen Symbol zu addierenden Stellen

Tag	Plus	Tag	Plus	Tag	Plus	Tag	Plus
1	0	9	4	17	7	25	11
2	1	10	4	18	8	26	11
3	1	11	5	19	8	27	12
4	1	12	5	20	9	28	12
5	2	13	5	21	9	29	1
6	2	14	6	22	10	30	1
7	3	15	6	23	10	31	2
8	3	16	7	24	10		

Sternzeichen

♈	Widder
♉	Stier
♊	Zwillinge
♋	Krebs
♌	Löwe
♍	Jungfrau
♎	Waage
♏	Skorpion
♐	Schütze
♑	Steinbock
♒	Wassermann
♓	Fisch

	1923	1924	1925	1926	1927	1928	1929	1930	1931	1932	1933	1934	1935
JAN	♊	♏	♈	♌	♐	♈	♍	♑	♉	♎	♓	♋	♏
FEB	♌	♐	♉	♍	♑	♊	♏	♓	♋	♐	♈	♌	♑
MRZ	♌	♑	♉	♍	♒	♋	♏	♓	♋	♐	♉	♍	♑
APR	♎	♓	♋	♏	♈	♍	♑	♉	♍	♒	♊	♎	♓
MAI	♏	♈	♌	♐	♉	♎	♒	♊	♎	♓	♋	♐	♈
JUN	♑	♉	♍	♒	♋	♏	♓	♌	♐	♉	♍	♑	♊
JUL	♒	♋	♏	♓	♌	♐	♈	♍	♑	♊	♎	♓	♋
AUG	♈	♌	♐	♉	♍	♒	♊	♏	♓	♋	♐	♈	♌
SEP	♉	♎	♒	♋	♏	♓	♌	♐	♈	♍	♑	♊	♎
OKT	♊	♏	♓	♌	♐	♉	♍	♑	♉	♎	♓	♋	♏
NOV	♌	♑	♉	♍	♑	♊	♏	♓	♋	♐	♈	♌	♑
DEZ	♍	♒	♊	♎	♓	♌	♐	♈	♌	♑	♉	♍	♒

	1936	1937	1938	1939	1940	1941	1942	1943	1944	1945	1946	1947	1948
JAN	♈	♌	♑	♉	♍	♒	♊	♎	♓	♌	♐	♈	♍
FEB	♉	♎	♒	♊	♏	♈	♌	♐	♉	♍	♑	♊	♎
MRZ	♊	♎	♒	♋	♐	♈	♌	♐	♉	♎	♒	♊	♏
APR	♌	♐	♈	♌	♑	♉	♎	♒	♋	♏	♓	♌	♑
MAI	♍	♑	♉	♎	♒	♊	♏	♓	♌	♐	♉	♍	♒
JUN	♎	♒	♋	♏	♈	♌	♑	♉	♎	♒	♊	♏	♓
JUL	♏	♈	♌	♑	♉	♍	♒	♊	♏	♓	♌	♐	♈
AUG	♑	♉	♎	♒	♋	♏	♈	♌	♐	♉	♍	♑	♊
SEP	♓	♋	♏	♈	♌	♑	♉	♍	♒	♋	♏	♓	♌
OKT	♈	♌	♑	♉	♎	♒	♊	♎	♓	♌	♐	♈	♍
NOV	♊	♎	♒	♊	♏	♈	♌	♐	♉	♍	♑	♊	♏
DEZ	♋	♏	♓	♌	♑	♉	♍	♑	♊	♎	♒	♋	♐

	1949	1950	1951	1952	1953	1954	1955	1956	1957	1958	1959	1960	1961
JAN	♑	♊	♎	♓	♋	♏	♈	♌	♑	♉	♍	♒	♋
FEB	♓	♋	♐	♈	♍	♑	♉	♎	♒	♊	♏	♈	♌
MRZ	♓	♋	♐	♉	♍	♑	♊	♏	♓	♋	♏	♈	♌
APR	♉	♍	♒	♊	♎	♓	♋	♐	♈	♌	♑	♊	♎
MAI	♊	♎	♓	♋	♐	♈	♍	♑	♉	♎	♒	♋	♏
JUN	♌	♐	♈	♍	♑	♊	♎	♓	♋	♐	♈	♌	♑
JUL	♍	♑	♊	♎	♓	♋	♏	♈	♌	♑	♉	♍	♒
AUG	♏	♓	♋	♐	♈	♍	♑	♉	♎	♒	♊	♏	♈
SEP	♐	♈	♍	♑	♊	♎	♒	♋	♐	♈	♌	♑	♊
OKT	♑	♊	♎	♓	♋	♏	♓	♌	♑	♉	♍	♒	♋
NOV	♓	♋	♏	♈	♍	♑	♉	♎	♒	♊	♏	♈	♌
DEZ	♈	♌	♑	♊	♎	♒	♊	♏	♓	♌	♐	♉	♍

	1962	1963	1964	1965	1966	1967	1968	1969	1970	1971	1972	1973	1974
JAN	♏	♓	♌	♐	♈	♍	♑	♊	♎	♒	♋	♐	♈
FEB	♐	♉	♍	♒	♊	♏	♓	♋	♏	♈	♍	♑	♉
MRZ	♐	♉	♎	♒	♊	♏	♈	♌	♐	♉	♍	♑	♊
APR	♒	♋	♏	♈	♌	♑	♉	♍	♒	♊	♏	♓	♋
MAI	♓	♌	♐	♉	♍	♒	♊	♎	♓	♋	♐	♈	♍
JUN	♉	♎	♒	♊	♏	♓	♌	♐	♉	♍	♑	♊	♎
JUL	♊	♏	♓	♌	♐	♈	♍	♑	♊	♎	♓	♋	♐
AUG	♌	♐	♉	♎	♒	♊	♏	♓	♋	♏	♈	♍	♑
SEP	♍	♒	♋	♏	♓	♋	♐	♉	♍	♑	♊	♎	♓
OKT	♏	♓	♌	♐	♈	♍	♒	♊	♎	♒	♋	♐	♈
NOV	♐	♉	♎	♒	♊	♎	♓	♋	♐	♈	♍	♑	♉
DEZ	♑	♊	♏	♓	♋	♐	♈	♌	♑	♉	♎	♒	♊

	1975	1976	1977	1978	1979	1980	1981	1982	1983	1984	1985	1986	1987
JAN	♌	♑	♉	♍	♒	♊	♏	♓	♌	♐	♉	♍	♑
FEB	♎	♒	♋	♏	♈	♌	♐	♉	♍	♒	♊	♎	♓
MRZ	♎	♓	♋	♏	♈	♍	♑	♉	♎	♒	♊	♏	♓
APR	♐	♈	♍	♑	♊	♎	♒	♋	♏	♈	♌	♑	♉
MAI	♑	♉	♎	♒	♋	♏	♓	♌	♐	♉	♍	♒	♊
JUN	♓	♋	♐	♈	♌	♑	♉	♎	♒	♊	♏	♓	♌
JUL	♈	♌	♑	♉	♍	♒	♋	♏	♓	♌	♐	♉	♍
AUG	♉	♎	♓	♋	♏	♈	♌	♐	♈	♎	♒	♊	♎
SEP	♋	♐	♈	♌	♐	♊	♎	♒	♊	♏	♓	♌	♐
OKT	♌	♑	♉	♍	♒	♋	♏	♓	♋	♐	♉	♍	♑
NOV	♎	♓	♋	♏	♓	♌	♐	♉	♍	♒	♊	♎	♓
DEZ	♏	♈	♌	♐	♉	♍	♑	♊	♎	♓	♋	♐	♈

	1988	1989	1990	1991	1992	1993	1994	1995	1996	1997	1998	1999	2000
JAN	♊	♎	♒	♋	♏	♈	♌	♑	♉	♎	♒	♊	♏
FEB	♋	♐	♈	♍	♑	♉	♎	♒	♋	♏	♈	♌	♐
MRZ	♌	♐	♉	♍	♒	♊	♎	♓	♋	♏	♈	♌	♑
APR	♍	♒	♊	♏	♓	♋	♐	♈	♍	♑	♊	♎	♓
MAI	♏	♓	♌	♐	♈	♍	♑	♉	♎	♒	♋	♏	♈
JUN	♐	♉	♍	♑	♊	♎	♓	♋	♐	♈	♌	♑	♉
JUL	♑	♊	♎	♒	♋	♐	♈	♌	♑	♉	♎	♒	♋
AUG	♓	♌	♐	♈	♍	♑	♉	♎	♓	♋	♏	♓	♌
SEP	♉	♍	♑	♊	♏	♓	♋	♏	♈	♌	♑	♉	♎
OKT	♊	♎	♒	♋	♐	♈	♌	♑	♉	♎	♒	♊	♏
NOV	♌	♐	♈	♍	♑	♉	♎	♒	♋	♏	♈	♌	♑
DEZ	♍	♑	♉	♎	♒	♋	♏	♈	♌	♐	♉	♍	♒

DAS

SONNENSYSTEM

DIE STERNE HABEN, MIT AUSNAHME DER SONNE, IN DER ASTROLOGIE KEINE BEDEUTUNG. DIE ASTROLOGEN BENUTZEN JEDOCH DIE KONSTELLATION DER PLANETEN IM SONNENSYSTEM, UM DARAUS DEN CHARAKTER UND DIE ZUKUNFT EINES MENSCHEN ZU BESTIMMEN.

Pluto
Pluto umkreist die Sonne einmal in 246 Erdjahren. Er beeinflußt unsere Instinkte und Wünsche und verleiht uns Kraft in Notsituationen. Er verstärkt auch unseren Hang zur Grausamkeit.

Neptun
Neptun bleibt in jedem Sternzeichen 14 Jahre. In günstigen Fällen verleiht er uns Sensibilität und Phantasie; in schlechten ruft er Egoismus und Hinterlist hervor.

Uranus
Sein Einfluß macht uns freundlich, charmant und erfinderisch, aber auch exzentrisch und unberechenbar.

Saturn
Im Altertum war Saturn der am weitesten entfernte Planet. Er dämpft unseren Ehrgeiz und macht uns entweder übervorsichtig (aber praktisch gesinnt) oder zuverlässig und selbstbeherrscht.

PLUTO

NEPTUN

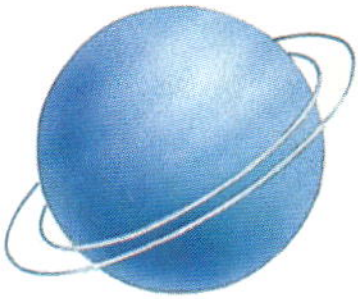

URANUS

SATURN

Jupiter

Jupiter weckt Optimismus, Großzügigkeit und Phantasie in uns, kann uns aber auch zu verschwenderischen und extravaganten Menschen machen.

Mars

Mars steht für Kraft, Aggressivität, Zorn, Egoismus und starke Sexualität, aber auch für Entscheidungsfreude und Führungsqualitäten.

Der Mond

Obwohl der Mond nur als Satellit die Erde umkreist, zählt er in der Astrologie zu den Planeten. Er ist rund 384 000 km von der Erde entfernt und ist, astrologisch gesehen, nach der Sonne der zweitwichtigste Planet.

Die Sonne

bestimmt unsere Persönlichkeit und die Art, wie wir in der Welt auftreten.

Venus

Der Planet der Liebe und Freundschaft verstärkt unsere positiven persönlichen Eigenschaften, kann uns aber auch faul, unpraktisch und abhängig machen.

Erde

Jeder Planet steuert seinen Teil zum gesamten Sonnensystem bei. Jemand, der auf der Venus geboren wurde, würde zweifellos auch vom Planeten Erde in irgendeiner Form beeinflußt.

Merkur

Der am nächsten zur Sonne stehende Planet verleiht uns Wißbegierde, Überzeugungskraft, Klugheit, Gewandtheit; er kann uns aber auch inkonsequent, zynisch und sarkastisch machen.